Os **7** pecados capitais
do
marketing direto

A Editora Nobel tem como objetivo publicar obras com qualidade editorial e gráfica, consistência de informações, confiabilidade de tradução, clareza de texto, e impressão, acabamento e papel adequados.
Para que você, nosso leitor, possa expressar suas sugestões, dúvidas, críticas e eventuais reclamações, a Nobel mantém aberto um canal de comunicação.

Entre em contato com:
CENTRAL DE ATENDIMENTO AO CONSUMIDOR
R. Pedroso Alvarenga, 1046 - 9º andar
04531-004 - São Paulo, SP
Fone: (11) 3706-1466 - Fax: (11) 3706-1462
www.editoranobel.com.br
E-mail: ednobel@editoranobel.com.br

Pio Borges

Os 7 pecados capitais do marketing direto

*Plus ça change …
plus c'est la même chose.*

Nobel

© 2003 Pio Borges

Direitos desta edição reservados à
AMPUB Comercial Ltda.
(Nobel é um selo editorial da AMPUB Comercial Ltda.)
Rua Pedroso Alvarenga 1046 - 9º andar
04531-004 - São Paulo, SP
Fone: (11) 3706-1466 – Fax: (11) 3706-1462
www.editoranobel.com.br
E-mail: ednobel@editoranobel.com.br

Supervisão editorial: Maria Elisa Bifano
Assistente editorial: Elvira Castañon
Revisão: Maria Aparecida Amaral
Ilustrações (capa e miolo): Yes Cabrita
Produção gráfica e capa: Vivian Valli
Assistente de produção gráfica: Heloisa Avilez
Impressão: Paym Gráfica e Editora Ltda.
1ª edição: 2004

Dados Internacionais de Catalogação na Publicação (CIP)
(Câmara Brasileira do Livro, SP, Brasil)

Borges, Pio.
 Os 7 pecados capitais do marketing direto / Pio Borges. – São Paulo : Nobel, 2003.

ISBN 85-213-1245-8

1. Marketing direto 2. Planejamento estratégico 3. Sucesso profissional I. Título.

03-2044	CDD-658.84

Índice para catálogo sistemático:
1. Marketing direto : Administração de empresas 658.84

É PROIBIDA A REPRODUÇÃO
Nenhuma parte desta obra poderá ser reproduzida, copiada,
transcrita ou mesmo transmitida por meios eletrônicos ou
gravações, sem a permissão, por escrito, do editor.
Os infratores serão punidos pela Lei nº 9.610/98.

Impresso no Brasil / *Printed in Brazil*

Índice

Prefácio 7

O porquê deste livro 11

Primeiro pecado
Ter a vontade maior do que a razão 15

Segundo pecado
Interpretar mal as inspirações 23

Terceiro pecado
Partir de Princípios Determinados pelos Outros .. 33

Quarto pecado
Passar de espectador a ator sem autocensura 43

Quinto pecado
Ter horror a fazer contas 51

Sexto pecado
Não aprender com os erros dos outros 63

Sétimo pecado
Não ter dinheiro suficiente 73

Os pecados como fonte de inspiração 81

Epílogo 87

Prefácio

Pio Borges os chama de capitais, eu os chamo de pecados mortais

Eles são pecados mortais porque violam a regra mais importante do marketing direto, a de que cada iniciativa seja *accountable*. Tudo deve ser mensurável e produzir um retorno sobre o investimento promocional. O quinto pecado – Ter Horror a Fazer Contas – é a base dos outros seis.

Há pouco tempo um importante executivo brasileiro mandou que a sua equipe de marketing fosse adiante com "uma grande idéia" para um projeto de marketing.

Todos com quem ele falou "amaram" o projeto. Apesar de não haver qualquer pesquisa a respeito, o executivo tomou a sua decisão baseado no que os ianques denominam "pesquisa com a sogra", no caso representada pelas poucas pessoas com as quais ele discutiu o projeto. O que se seguiu foi um desastre totalmente desnecessário. Quando a empresa pôde terminar o programa havia perdido sete milhões de reais.

Um desperdício, fruto da combinação de muitos dos pecados que de forma tão agradável e informativa estão descritos neste valioso trabalho de Pio, em especial, uma Preguiça generalizada. Se o executivo em questão tivesse pedido a seus colegas um estudo de viabilidade e tivesse insistido em testar as suas premissas antes do lançamento, o projeto teria sido abandonado, e teria custado uma fração do que foi o prejuízo total. Quando aquele executivo se perguntou como havia cometido erro tão grave, a única resposta foi que ele havia cometido muitos pecados no marketing direto.

Quando a análise de dados em marketing direto começou a ser feita há uns 20 ou 30 anos, havia poucas ferramentas sofisticadas que pudessem ajudar os profissionais a fazer estimativas de resultados para seus projetos. Pio está dentre os primeiros a usar fundamentos científicos na disciplina de marketing. Ele costumava dizer que cuidava dos investimentos de marketing de seus clientes como se fossem seus, e dava duro para assegurar que os recursos fossem usados da melhor forma para garantir um retorno generoso.

O autor mantém a mesma motivação ao escrever este livro. E esta motivação é que a disciplina do marketing direto apoiado em dados – *Data Driven Direct Marketing* – DDDM, seja entendida e levada a sério, e usada com lucratividade crescente pelos profissionais para os quais seu uso seja apropriado. Se o insucesso mostrar sua face, perde não apenas o cliente, mas o marketing como um todo.

É justo afirmar que o marketing direto evoluiu e que o *Customer Relationship Management* – CRM – teve aceitação universal; muitas empresas adotaram o planejamento e as técnicas de avaliação de resultados que em muito aumentaram a lucratividade. Em vez de dizer que "não podem se dar ao luxo" de pagar custos de segmentação e testes antes de lançar produtos, as empresas se conscientizaram de que essa é a maneira de *economizar* e não de *gastar* dinheiro, e que esse é um dos melhores investimentos que pode ser feito.

Pio Borges sempre foi um evangelista do marketing direto. E como um bom pregador, nunca se cansa de proclamar que há ainda muitos pecadores, dentre nós, que precisam e querem ser salvos. Embora o pecado seja mais divertido do que a prática da abstinência e que seguir nossos instintos "criativos" é menos cansativo do que obedecer a regras, o Juízo Final, queiramos ou não, está na linha de resultados.

Não cometer os pecados capitais é difícil e é um trabalho sem muito *glamour*. Significa insistir que toda a equipe de marketing use seu tempo para desenvolver habilidades analíticas, cedendo a seus instintos e egos diante de *fatos comprováveis.* Isso quer dizer que o entusiasmo inicial deve ser temperado com experiência e dados. Significa que é preciso aprender a amar a *accountability* e viver essa realidade, mesmo quando isso requeira a admissão de um insucesso.

Toda a comunidade do marketing no Brasil só tem a beneficiar-se com o generoso trabalho do Pio.

Peter Rosenwald
Consultor Estratégico
RBS Direct
Março de 2003.

O porquê deste livro

Quando pensei em escrever sobre os erros mais traumatizantes do marketing direto, tinha em mente uma relação bem extensa dos problemas que observei ao longo de anos de experiência na área, no Brasil e também no exterior, mas sempre sob o ponto de vista de um profissional brasileiro.

Fiz uma lista de erros e consegui relacioná-los ao número 7, algo que tem um apelo mágico.

Minha tentação "marqueteira" foi associar esses erros a pecados, e daí saltar para 7 pecados capitais foi um passo. Antes, porém, de dar uma forma final ao que acreditava ser uma idéia original, decidi fazer o que qualquer pessoa de bom senso deve fazer hoje. Pesquisei na internet os 7 pecados capitais do marketing e, como resultado, a tela do meu computador foi inundada por algumas centenas de relações de 7 pecados.

Não há atividade humana sobre a qual algum *expert* como eu, já não tenha elaborado uma lista de 7 pecados. De saída isso foi muito frustrante para mim mas, otimista que sou, logo percebi a vantagem da existência de tantas listas.

Ao ousar fazer uma correlação de erros de marketing com os 7 pecados capitais, uma concepção de dois religiosos do século IV, fruto de profunda meditação de dois santos, Gregório Magno e João Cassiano, decidi pelo menos conhecer os pecados inicialmente definidos por eles e desde então incontestados pela Igreja e pela sabedoria popular ao longo de dezessete séculos, o que não é pouco.

Em primeiro lugar, num teste que você pode fazer consigo mesmo, tente citar os 7 pecados capitais. Eu também não consegui, entretanto, ao chegar à relação estabelecida pelos santos, percebi o quanto se aplicava, ao que eles disseram e ao que eu quero dizer, a frase *Plus ça change... plus c'est la même chose*, que significa, quanto mais se muda alguma coisa mais parecida ela tenderá a ser com o que se propôs modificar.

Os 7 pecados capitais são:
1. Soberba (Orgulho)
2. Avareza
3. Luxúria
4. Ira
5. Gula
6. Inveja
7. Preguiça

Os "meus" 7 pecados, listados antes de consultar os pecados originais, eram:
1. Ter a Vontade Maior do que a Razão
2. Interpretar Mal as Inspirações
3. Partir de Princípios Determinados pelos Outros
4. Passar de Espectador a Ator sem Autocensura
5. Ter Horror a Fazer Contas
6. Não Aprender com os Erros dos Outros
7. Não ter Dinheiro Suficiente

Embora cada um dos pecados que relacionei em função da minha própria experiência não seja exatamente a tradução dos 7 pecados capitais, é impressionante como os monges do século IV conseguiram determinar chamando de pecados as 7 maiores razões para que uma pessoa não merecesse o reino dos céus.

Da mesma forma, eu busquei os motivos pelos quais as empresas e os profissionais de marketing de hoje não merecessem o Olimpo dos deuses do mercado atual.

Como me aprofundei na pesquisa, percebi que as relações dos pecados feitas por outros autores tinham tantas ou mais qualidades do que a que eu criara. E ao poder correlacionar a minha lista com as listas de uma porção de pessoas sábias e talentosas de outros lugares que, tal como eu, haviam decidido analisar as causas de insucessos em marketing e em marketing direto, a vantagem passava a ser minha.

Como conseqüência disso tudo, acredito que o leitor poderá contar com um material mais abrangente do que o imaginado por mim inicialmente. Uma relação cuja extensão – com o acréscimo de *cases* negativos – será um guia tão precioso para o marqueteiro como eram as cartas náuticas (altamente secretas) para os navegadores que, ao usá-las, evitavam os baixios e as correntes que faziam seus barcos afundarem.

Caramba! Isso não é pouca coisa. E ao terminar essa frase já estou disposto a enfrentar o desafio de ser muito mais preciso em minhas indicações do que eu poderia cogitar.

PRIMEIRO PECADO

Ter a vontade maior do que a razão

Primeiro Pecado

```
  40% de Orgulho
  20% de Luxúria
+ 20% de Preguiça
  20% de Inveja
─────────────────
Ter a vontade maior
   do que a razão
```

Este pecado costuma vitimar profissionais inteligentes, normalmente afetados pela "síndrome do livro genial que eu li", ou "da conferência sensacional à qual eu assisti no congresso X", ou pior ainda, "pelas idéias que ouvi de Fulano de Tal, um gênio do marketing direto, numa viagem de avião".

Há variedades deste pecado geradas internamente em ambientes de trabalho, quando um chefe, diretor, acionista, alguém que reside nos Estados Unidos, a mulher ou a sogra, traz um envelope com uma mala direta genial, "que não sei por que não se faz aqui".

Nessa categoria incluem-se as malas diretas de clubes de livros, de discos ou CDs, de cartões que oferecem descontos ao portador, desde que eles sejam apresentados em locais determinados.

William Montgomery, um dos criadores dessas listas de 7 pecados do marketing, enquadraria esse pecado, no "Não, eu não testei nem o mercado, nem o produto nesse mercado".

Um dos primeiros aforismos de marketing que ouvi era aquele relativo às três maiores prioridades nesse negócio: testes, testes e testes.

A forma de interpretarmos a realidade, qualquer que seja, sempre vai depender de nossos próprios softwares individuais. Faça um teste simples. Peça a cinco pessoas que leiam cinco exemplares de jornais, fornecidos por você. Passados cinco minutos, recolha os jornais e peça a cada leitor que liste as cinco matérias que mais chamaram a sua atenção e que indique quais seriam, na visão dele, as conseqüências daquelas notícias em suas vidas.

Mesmo que, por uma coincidência mágica, os assuntos escolhidos sejam os mesmos, as suas conseqüências relatadas irão variar segundo o interesse de cada pessoa.

Dificilmente a nossa mente, por mais incrível que possa parecer, obedece a uma lógica cartesiana para tomar decisões. Você pode provar e comprovar por A + B que a decisão mais correta, mais lógica, mais elogiável para um pai de família é fazer um seguro X, beneficiando os seus filhos por um pagamento mensal Y, garantido pela seguradora Z.

Para tornar a oferta ainda mais atraente, você poderá usar testemunhos insuspeitos e referências de mercado comprováveis, além de muitos atrativos que tornem aquele seguro único.

Esse seguro, através de malas diretas, telemarketing, internet ou visita de corretor, jamais terá 100% de aceitação, mesmo se as pessoas selecionadas forem rigorosamente escolhidas como as mais necessitadas e as mais preparadas para comprar aquele seguro.

Como isso se aplica aos clubes de livros, de música e de cartões de desconto que de tempos em tempos são lançados no mercado brasileiro?

Vamos aos dados fáticos: como o Código de Defesa do Consumidor classificou essas informações indiscutíveis.

No caso dos livros:

1. A compra *per capita* de livros no Brasil é extremamente mais baixa do que em outros países. Seria de 2,4 livros por habitante (incluindo os didáticos) contra 11 a 15 nos países ditos desenvolvidos. Na Argentina, nossa rival nos esportes, a média seria superior a 7.

2. As Bienais do Livro no Brasil (que acontecem em São Paulo e no Rio de Janeiro), entretanto, tornaram-se famosas pela freqüência: mais de meio milhão de pessoas na do Rio em 2001, e mais de 750 mil na Bienal de São Paulo no ano de 2002.

Em ambas as vendas de livros foram superiores a 1 exemplar por visitante. Logo, o marqueteiro apressado, incidindo no primeiro dos pecados listados, chega às seguintes conclusões:

1. Não se vendem livros no Brasil porque eles não estão disponíveis para os leitores.

2. Há pouquíssimas livrarias nas cidades e as que existem não têm grande movimento.

3. Se, a exemplo dos Estados Unidos ou da Europa, eu crio um clube de livros e leitores não só atendo a essa multidão não-assistida como obtenho uma lista de compradores aos quais poderei vender outros produtos.

4. Se tiver, além da vontade, dinheiro e uma gráfica preparada para imprimir livros a um custo baixo, só não me dedicarei a essa atividade se não estiver em meu juízo perfeito.

Faltou teste, faltou pesquisa, faltou procurar entender o mercado brasileiro e a evolução desse mercado nos últimos anos.

Uma das grandes virtudes do marketing direto é que não se é obrigado a seguir os preceitos do marketing de massa. Podem-se testar conceitos em cidades, bairros, regiões, para determinadas categorias de pessoas, profissões, ou o que quer que seja.

O limite desses testes será determinado pelo marqueteiro com a mesma precisão que se tem ao pedir os pratos do menu de um restaurante.

Para determinadas empresas que acham que determinados conceitos são tão óbvios, que se torna impossível testá-los de forma limitada em apenas alguns mercados, lembro uma frase ouvida de um empresário antes de um desastre: "Quando você acredita na idéia, você tem todas as condições de torná-la real". O entusiasmo sem base em pesquisa de opinião, por exemplo, é letal.

Não deu certo para ele e para a sua empresa de forma muito mais ampla do que poderia ele imaginar num de seus piores pesadelos.

E quanto a essa questão da escassez de livrarias? Não se vendem livros por que não há livrarias ou não há livrarias por que não existem compradores de livros?

Quais os motivos pelos quais pessoas bem vestidas, bem posicionadas na vida, viajadas, cultas, bem relacionadas não freqüentam livrarias e compram livros, como deveriam estar comprando para que não ficássemos abaixo, por exemplo, de nossos vizinhos argentinos?

Uma recomendação para fugir deste primeiro pecado: procurar definir, não as razões por que um grupo de pessoas deve comprar o seu produto, mas por que esse mesmo grupo não deve comprar o seu produto.

Todo conceito muito simples ao ser exposto, como esse do parágrafo anterior, pode parecer simplista. Mas se alguma "idéia forte" sobre o primeiro pecado deve ficar incutida que seja:

É mais importante saber por que os clientes não compram um produto do que saber por que o compram.

SEGUNDO PECADO

Interpretar mal as inspirações

> 33,33% de Inveja
> \+ 33,33% de Gula
> 33,33% de Preguiça
> ___
> Interpretar mal
> as inspirações

Mantendo a relação com os 7 pecados capitais dos santos, o segundo pecado seria uma mistura em partes iguais de Inveja, Gula e Preguiça.

Esse pecado costuma acometer as pessoas que se julgam muito espertas. Um tipo de esperteza que nos Estados Unidos se chama de *street wise*; no Brasil, o equivalente, que soaria como música nos ouvidos de quem tem esse tipo de comportamento, seria "esse cara dá nó em pingo d'água".

Naquele tipo de passatempo para crianças, no qual pontos numerados são ligados com a ajuda de um lápis resultando em um desenho, mesmo que se deixem de lado alguns pontos ainda é possível reconhecer a figura, mas no marketing direto isso não dá certo.

Deixar de passar o lápis por alguns pontos pode constituir uma falha mortal.

Um exemplo bem simples — e lá vou eu para a área editorial de novo — o de uma editora que durante um bom tempo não considerava importante investir em pesquisa de temas para futuras publicações.

Já que outra editora fazia isso com profissionalismo, bastava à primeira editora — que não investia em pesquisa — usar o trabalho alheio e lançar o mais depressa possível títulos dentro dos mesmos conceitos da sua concorrente.

Ao cometer esse pecado, entretanto, a inspiração mal-interpretada incorria em todos os corolários do pecado original. E, apesar do brilho de seus profissionais, jamais conseguiu atingir o brilho e o sucesso de sua concorrente.

Vamos a um caso muito mais dramático, um "*non sequitur*", que vem a ser uma inferência que não tem apoio em premissas e leva a uma conclusão absolutamente irrelevante.

E essa conclusão pode custar muito esforço e dinheiro além de gerar grande frustração.

O programa de milhagem das companhias aéreas surgiu como providência tática para tentar manter o passageiro que já havia comprado e reservado seu assento num vôo, para que ele não mudasse de companhia, caso seu vôo fosse cancelado ou estivesse atrasado.

O tempo máximo de "paciência" do passageiro para permanecer na mesma companhia era em média 30 minutos. Ou seja, até 30 minutos de atraso, ele permanecia na mesma empresa. Transcorrido esse tempo, ele tratava de obter o endosso para voar em outra companhia aérea.

O executivo bolou um sisteminha simples, em que cada trecho voado correspondia a um número de milhas. Com a soma das milhas obtidas em vôos na empresa A, e só nos vôos dessa companhia, o passageiro poderia "comprar" outros vôos na mesma empresa, com uma vantagem, as milhas ganhas com bilhete comprado por pessoa jurídica, geravam milhas para a pessoa física.

Como resultado imediato: a "paciência" para a espera pelo próximo vôo passou de 30 minutos para 3,5 horas.

O desenvolvimento do programa – já que a mente humana não tem limites em sua busca por maiores benefícios – passou a dar milhas em dobro para vôos em horários podres, e a hospedagem em certos hotéis, a locação de automóveis em determinadas locadoras, e assim por diante também passaram a contar milhagem, transformando a providência tática – prolongar o tempo de espera do passageiro – num novo produto.

O subproduto do programa de milhagem, em marketing direto, foi a sua transposição, sem muito pensar, para toda e qualquer atividade. Em especial para aquelas nas quais as margens reduzidas de lucro com produtos fabricados, vendidos e entregues não permitiam torná-los grandes geradores de pontos ou milhas.

Há até comerciais de gozação de um banco dizendo que o cliente de outro banco poderia ganhar muitos pontos que davam direito a receber um objeto cuja função era ininteligível. Portanto, a adesão de um cliente a um programa como esse – oferecido pela concorrência – seria uma rematada tolice.

Em uma empresa de aviação, o acúmulo de pontos tem como "moeda de troca" uma viagem, um serviço cujos custos maiores são a administração na concessão e reserva de assentos, algo feito por sistemas, o serviço de bordo, alimentos e bebidas servidos pela tripulação, um percentual do combustível queimado em vôo e uma parcela ainda menor de taxas aeroportuárias.

Um especialista em programas de milhagem de companhias aéreas publicou que esse custo, como um todo, raramente seria superior a 35 dólares, independentemente do número de horas de vôo ou da sofisticação do serviço de bordo.

Há que se considerar ainda que, se o assento de um avião não for ocupado por um passageiro, o custo do vôo será praticamente o mesmo.

O programa de milhagem de empresas aéreas tem, pelo menos, duas qualidades que tornam bastante difícil a sua cópia de forma simples, direta, sem maiores análises, por qualquer outro ramo de atividade.

O custo do benefício para a companhia aérea (em média, de 35 dólares) é uma fração do valor do benefício, tal como é visto e comprado pelo passageiro: até em vôos de primeira classe com mais de 10 horas de duração.

Além disso, esse pagamento só é feito dentro dos limites de assentos de um avião. Um passageiro pagante não será cortado de um vôo para dar lugar ao passageiro que usa suas milhas.

E mais, a viagem turística aparece sempre em pesquisas como um dos prêmios mais desejados, é a suprema mordomia, que sempre irá proporcionar a seu ganhador lembranças prazerosas, e algumas fotos ou vídeos freqüentemente menos prazerosos...

O sucesso imediato dos programas de milhagem de companhias aéreas inspirou programas similares de lojas, postos de gasolina, usuárias de produtos femininos, etc., etc.

A supersimplificação foi determinada pelo raciocínio incorreto de que, se tinha dado certo para companhias aéreas, também daria certo para qualquer outra atividade ou negócio.

Como fugir à tentação desse pecado: coloque-se no lugar do cliente e imagine (ou melhor ainda, pesquise) o que realmente interessa a ele. Não se limite a clonar uma boa idéia e procure adaptá-la às contingências de seu produto ou de seu mercado.

Há uma frase que gosto de repetir e que poderá servir de alerta sempre que você for tentado a cometer esse segundo pecado capital:

Para quem só tem um martelo, todos os problemas serão reduzidos a pregos, com os efeitos catastróficos gerados pelas marteladas.

TERCEIRO PECADO

Partir de princípios determinados pelos outros

BLÁ!

Terceiro pecado

$$\frac{\begin{array}{c}30\% \text{ de Avareza}\\30\% \text{ de Preguiça}\\+\quad 20\% \text{ de Gula}\\20\% \text{ de Inveja}\end{array}}{\text{Partir de princípios determinados pelos outros}}$$

No terceiro pecado eu vejo pelo menos 60% de Avareza e Preguiça e 40% de Gula e Inveja.

Tales de Mileto, o primeiro filósofo que mereceu ser listado entre os sete sábios da Grécia, viveu no século V a.C., e dentre os seus feitos – geradores de sua fama e respeito pelo que dizia ou viesse a dizer – previu com absoluta precisão o primeiro eclipse do Sol no ano de 586 a.C. Ou seja, exatamente há 2.589 anos!

Além disso, Tales também provou que a soma dos três ângulos de um triângulo é igual a 180 graus, o que passou a se chamar Teorema

Angular de Tales, uma das coisas que se aprende no colégio até hoje.

O homem morreu, mas ficou a sua fama, justificada por muitas mais definições, descobertas e afirmações.

Quando lhe perguntaram quais eram a coisa *mais fácil* e a coisa *mais difícil* do mundo ele não hesitou: a coisa mais difícil era *conhecer a si mesmo*, e a coisa mais fácil era *dar conselhos*.

Diante dessa lição com quase 3.000 anos, vou abordar o tema e as implicações do terceiro pecado capital do marketing direto: partir de princípios e aceitar conclusões de pessoas que não conhecem você nem a sua empresa ou os negócios. Elas estão apenas fazendo a coisa mais simples do mundo: *dar conselhos.*

Antes de pedir e ouvir esses conselhos, que podem ser muito bons e adequados, é preciso que você e a sua empresa se dediquem à coisa mais difícil: conhecerem a si mesmos.

Políticos fora do poder se esmeram em dar conselhos. Políticos ao assumir o poder trocam de papel e, por vezes, se sentem afogados na realidade dos problemas com que se defrontam.

O "conhecer a si mesmo", a partir de constatações feitas diante da realidade, é radicalmente diferente do "opinar sobre o que o outro deve fazer".

Para ilustrar este pecado no âmbito do marketing direto vou recorrer a um *case* de sucesso retumbante, seguido de uma chocante redução de atividades ainda em curso.

Nos países onde já existia a televisão comercial na década de 1980, surgiu, e teve êxito, um novo tipo de negócio; uma evolução de projetos iniciados quando a televisão ainda era ao vivo e contava com as "garotas-propaganda".

Em todos os eventos internacionais de marketing direto acorriam várias empresas especializadas em "descobrir" produtos miraculosos, não-disponíveis no mercado naquele formato, e que, uma vez anunciados em comerciais de resposta direta, poderiam ser vendidos com apreciável margem de lucro por quem os comercializasse.

Quem aceitasse a proposta dessas empresas precisava de muito pouco para implantar as operações:

1. Assinar o contrato de compra dos produtos a serem vendidos, em quantidades e dentro de prazos mutuamente definidos em função da experiência do dono do produto e das reações conseguidas em outros países.

2. Negociar com uma empresa de entregas ou *fulfillment*, local de seu país o recebimento dos estoques de produtos e a forma de coletar os pedidos gerados pelos comerciais apresentados nas emissoras de televisão.

3. Fazer a melhor negociação possível com as emissoras de televisão, não só para obter um custo reduzido de veiculação, como para estabelecer as alternativas tanto em caso de sucesso quanto de insucesso do lançamento.

A empresa local deveria, como é natural, montar sua operação de acordo com os códigos de ética e as leis de seu país, subentendendo-se que aquelas referentes a taxação e impostos deveriam ser criteriosamente contempladas.

No Brasil, vários operadores conseguiram obter sucesso semelhante ao alcançado em outros países do mundo. Participei, como convidado, de reuniões anuais de alguns dos grandes operadores internacionais desse sistema de vendas e comprovei, pelos testemunhos, como esse tipo de negócio prosperou em todos os continentes.

A história é simples: cada produto por eles selecionado, tinha um ciclo de vendas de oito meses nos Estados Unidos. Depois desse período em que o produto foi apresentado em comerciais de resposta direta – com baixo custo e seguindo um roteiro de cidades-teste pequenas, ficava mais fácil fazer a programação para praças maiores, com riscos mínimos.

Passados esses oito meses, o produto chegava a seu segundo estágio: a venda em lojas especializadas naquela linha de produto ao lado de um *display* que anunciava, "Tal como você viu na televisão".

O seu preço de venda podia ser até mais baixo, e essa sobrevida gerava novos negócios antes de sua exaustão como produto.

O terceiro estágio nasceu com a presença de empreendedores de marketing internacionais em busca de idéias em congressos, feiras e seminários nos Estados Unidos.

Por que não testar aqueles comerciais de resposta direta em seus países? Os filmes (*tapes*) acompanhavam os produtos a serem testados. Bastava uma simples dublagem, ou a superposição de voz (VO) e aquele produto e o seu comercial já em fim de carreira no mercado norte-americano, ganhava nova vida no restante do mundo.

O pecado cometido pelos operadores brasileiros desse tipo de empreendimento foi o de ater-se, com muito poucas adaptações, ao modelo engessado. Foram poucos os que procuraram fugir ao modelo engessado que estava dando certo, e buscaram gerar mais negócios em função daquele sucesso.

Agora, quando se verifica por meio da imprensa, a carga de impostos a que estão sujeitas empresas brasileiras e norte-americanas (mais de 30% contra menos de 12%) fica evidente que essa questão deveria sempre fazer parte do dever de casa dos operadores brasileiros.

Há uma orientação do consultor William Montgomery, de quem examinei os 7 pecados pela internet: "Use a verdade para vender ou você vai se meter em confusão", e a verdade nesse caso, não se trata apenas de saber se o produto será capaz de fazer o que sua comunicação promete.

Para evitar a tentação desse pecado é só acessar o site do IBGE para perceber que um país com 170 milhões de habitantes, onde se pode pesquisar município por município com bom grau de precisão, requer mais do que o recurso de copiar e colar para transformar um projeto inventado em outro país num programa de marketing direto bem-sucedido aqui.

Só para comprovar que a mera cópia não será necessariamente sábia, eu me lembro de dois fatos recentes: o primeiro, uma eleição complicadíssima para vários níveis da administração, inclusive para presidente da República, num país com 8,5 milhões de quilômetros quadrados e envolvendo 110 milhões de pessoas, foi realizada em um dia, usando-se computadores, com resultados corretos apurados no mesmo dia da eleição. O segundo, refere-se ao Imposto de Renda. Mais de 97% dos contribuintes brasileiros fizeram sua declaração on-line, enquanto em países como os Estados Unidos essa forma de relacionar-se com o fisco é usada por apenas 50% da população.

QUARTO PECADO

Passar de espectador a ator sem autocensura

QUARTO PECADO

$$+\begin{array}{c}25\% \text{ de Inveja}\\ 25\% \text{ de Ira}\\ 25\% \text{ de Gula}\\ 25\% \text{ de Luxúria}\end{array}$$

Passar de espectador a ator sem autocensura

Na relação oficial dos pecados capitais, o quarto pecado teria proporções idênticas de Inveja, Ira, Gula e Luxúria.

Esse pecado é o que mais acomete os funcionários de empresas mais ou menos bem-sucedidas que não conseguem demonstrar que o seu sucesso depende de integração de várias áreas e que ter sucesso em apenas uma área não garante o sucesso de uma empresa similar apenas pela atuação de uma das diversas áreas.

O desejo de pecar começa a se manifestar quando o funcionário se surpreende irritado com o presidente, ou com os dirigentes de sua empresa, atribuindo a si mesmo o trabalho que os faz ter um padrão de vida invejável: "Ah, se eu não estivesse aqui dando esse duro e consertando os erros desses caras, eles não estariam por aí indo para Angra e aparecendo nos jornais como os grandes responsáveis pelo sucesso desta empresa".

A Inveja combinada à Gula, acende a vontade de comer acepipes que até aquele momento não eram para o seu bico, e o funcionário imagina-se cercado de prazeres reais ou virtuais que, ele supõe, façam parte do dia-a-dia de seus patrões.

Apesar do tom de brincadeira que percebo no que acabo de escrever, esses funcionários não estão errados na sua intenção, mas profundamente mal inspirados na forma de executar seus planos.

Vilfredo Pareto nasceu em 1848 em Paris, e pertencia a uma família aristocrática italiana. Como economista tornou-se famoso por sua Lei dos 80/20 que determina que numa empresa 80% da receita vem de 20% dos clientes.

Pareto, entretanto, fez muito mais, ele definiu outra lei, que tem os percentuais como elementos.

Ele dizia que as pessoas podem ser classificadas em *speculators* e *rentiers*. Ou seja, os empreendedores, que ousam fazer coisas, e a maioria silenciosa, que fica na arquibancada assistindo ao espetáculo, aplaudindo ou vaiando, torcendo a favor ou contra, mas sem arriscar a sua pele pulando na arena e desafiando o touro.

Confesso que me alonguei ao discorrer sobre a segunda Lei de Pareto, tentando explicar uma verdade que é comprovada todos os dias em qualquer empresa. A maioria das pessoas tem horror de assumir novos conceitos e arriscar sua carreira.

Há uma maioria que não tuge nem muge, e há os que se arriscam oferecendo idéias que podem gerar maus resultados, entre eles a demissão dos seus propositores. Mas as empresas bem-sucedidas são as que inovam entrando em sintonia com o espírito da época, quando as tendências ainda não estão muito definidas no mercado. Estar em sintonia com o *Zeitgeist* (espírito da época, em alemão).

A língua alemã, que junta um conceito numa só palavra, às vezes é mais descritiva do que a língua que usa duas palavras separadas.

Uma empresa que sabe usar e valorizar o segundo tipo de pessoa se torna muito bem-sucedida. Isso acontece com freqüência em agências de publicidade onde funcionários ousados e inovadores recebem a cotação máxima. Os seus egos são proporcionais às suas ousadias criativas e são eles que correm os maiores perigos ao se desprenderem de suas "naves-mães", ficando por sua própria conta e risco.

Essa ousadia criativa, aplicada por exemplo, ao marketing direto, muitas vezes trouxe imensas frustrações. Nada pode ser considerado como simples e rotineiro numa operação de marketing direto.

Enquanto uma peça de publicidade genial tem a tendência de, por si só, ser suficiente para a comunicação, as peças geniais criadas para o marketing direto geram expectativas quanto a produtos, serviços e *performances*.

Há muitos casos recentes que podem ser lembrados numa conversa, mas do ponto de vista de marketing vou me referir à promessa, exposta de forma muito criativa, feita por uma seguradora que havia decidido romper com a grande barreira do ceticismo quanto à eficiência dos procedimentos burocráticos para a liquidação de sinistros. A comunicação dizia que aquela empresa: "Não discute: PAGA".

A idéia da comunicação teve um impacto imediato na mente dos consumidores, mas a *performance* não poderia ter desconsiderado todas as providências necessárias para se cumprir as obrigações e manter a saúde financeira da empresa.

O que fazer para fugir dessa tentação de pecar: **estudar muito, estudar em grupo, habituar-se a ser contestado e sempre estar pronto a defender racionalmente um produto, com tudo que isso possa implicar, inclusive em uma revisão.**

Uma fórmula simplificada para você saber se está correndo o risco de cometer este quarto pecado é escrever seu plano como se ele fosse apresentado a um investidor externo.

Procure demonstrar em sua proposta, mesmo

que você tenha todos os recursos necessários para o seu projeto, como tudo irá acontecer da maneira que está imaginando.

Você ficará surpreso como precisará de explicações que poderão evidenciar seus maiores problemas antes que eles ocorram.

QUINTO PECADO

Ter horror a fazer contas

QUINTO PECADO

$$\frac{\begin{array}{r} 33{,}33\% \text{ de Preguiça} \\ +\ 33{,}33\% \text{ de Orgulho} \\ 33{,}33\% \text{ de Avareza} \end{array}}{\text{Ter horror a fazer contas}}$$

O quinto pecado está diretamente vinculado à Preguiça, ao Orgulho e à Avareza.

De maneira muito democrática, ele é compartilhado alegremente entre um grande número de brasileiros. Se fosse fundado um clube, o THFC, é bem possível que ele tivesse, de saída, mais associados do que todas as torcidas dos grandes clubes de futebol brasileiros juntas. Aliás, como sócios-fundadores beneméritos e inspiradores, o THFC contaria com uma legião de dirigentes esportivos, mais ou menos inocentes em sua fidelidade a ele.

Um colega do colégio Andrews, no Rio de Janeiro, o Isu Fang, que se tornou um grande engenheiro formado pelo ITA, escreveu, para uso interno e dos amigos, "As leis de Fang", das quais vou citar três para que se possa considerar as formas para se superar a tentação de cometer esse quinto pecado capital do marketing direto.

• 1ª lei de Fang: "Em qualquer campo da atividade humana, o homem sempre fará aquilo que sabe e não o que deve ser feito."

• 8ª lei: "Se um modelo não se adapta à realidade, a realidade é sempre ignorada."

• 21ª lei: "Os economistas, como os meteorologistas, por tratarem de matéria extrema-mente complexa têm grande dificuldade de acertar suas previsões. A diferença é que os meteorologistas costumam, pelo menos, olhar pela janela antes de anunciá-las."

De saída, o que se pode inferir de tudo isso é que se você não gosta de fazer contas, procure alguém que goste delas e saiba fazê-las. E que tenha suficiente bom senso para não se entrincheirar por trás de números ocos muito bem apresentados, os quais infelizmente, não estão relacionados aos projetos que se tem pela frente.

Os números não devem ser procurados apenas

para se cumprir um ritual, mas por que são necessários para analisar o projeto. A primeira Lei de Fang é muito sábia ao afirmar que o homem fará sempre o que sabe e não o que deve ser feito.

Se os números disponíveis estiverem errados, os cálculos precisos a partir deles, as projeções e os gráficos gerados por equações serão terrivelmente errados. O "terrivelmente" é conseqüência da certeza induzida por contas bem-feitas em quem as examina.

Como o quinto pecado se definiu no marketing direto no Brasil e qual a fórmula para tomar esse acontecimento como lição para outros usos?

Qualquer coisa que você recebe pelo correio, pedindo a sua ação, cobrando valores e exigindo que você tenha uma série de trabalhos para receber um benefício pode ser classificada como uma atividade de marketing direto. Até mesmo quando a primeira idéia que lhe ocorre a respeito dela não seja o seu ideal de marketing direto.

Esse é o caso da correspondência multimídia que a Receita Federal envia aos contribuintes. Todos os anos, por mala direta — ou agora através de chamadas de um site no qual as pessoas já estão cadastradas – o Leão as convoca a pagar as contas da União.

O grupo THFC passava por momentos de angústia todos os anos quando era convocado a juntar documentos, usar calculadora, deduzir os percentuais a que tinha direito, escolher os formulários nos quais sua declaração se mostrasse menos agressiva a seu patrimônio.

Em contrapartida, a Receita Federal juntava essas declarações preenchidas em papel, um exército de digitadores transformava alguns números em impulsos eletrônicos, que passavam a constituir sua verdadeira "identidade" junto ao Estado todo poderoso.

Graças a um processo de pesquisa aleatório, ou já dirigido, algumas daquelas declarações, além da avaliação da correção das contas, eram passadas pela "malha fina", em que tudo poderia ser contestado, cabendo ao declarante comprovar que não errou intencionalmente, ou que não errou de forma alguma.

Esse pavor foi exorcizado com o aprimoramento de uma ferramenta cujo objetivo aparente seria a obtenção de um meio de receber milhões de declarações sem ter de digitar milhões de informações. O contribuinte é também o digitador, não apenas das contas e descontos, mas de todas as informações, permitindo o cruzamento de pagamentos a terceiros, identificados pelos seus CPFs.

Como pagamento não-declarado por esse trabalho de digitação e de levantamento de informações cruzadas, a Receita fez algo que a tornou merecedora do "Prêmio Nobel" dos associados do clube THFC.

Todas as contas são feitas pelo programa, que recomenda o melhor formulário para a sua apresentação, do ponto de vista do contribuinte.

Para resolver um problema complicado de ensinar a fazer contas de um dia para outro, existe um produto que faz as contas com precisão, solicitando os dados que precisam ser levados em consideração.

Peter Rosenwald, que nos deu o privilégio de sua presença no Brasil, como executivo da Editora Abril e atualmente como consultor estratégico da RBS Direct, desenvolveu uma ferramenta, bem mais abrangente do que o disquete que eu mesmo havia criado para a Associação Brasileira de Marketing Direto – ABEMD e para a DataListas, uma empresa do Grupo Abril, mostrando como chegar ao *break even point*, sem precisar fazer contas.

O trabalho do Peter, *Allowable Cost Per Order* ou ACPO, tem a grande qualidade de considerar todas as variáveis possíveis e imagináveis em uma operação de marketing direto.

No mundo do marketing direto ou além de nossas fronteiras, não houve quem não elogiasse e deixasse de recomendar o belo trabalho que, mesmo redigido em inglês, foi desenvolvido no Brasil. Ou seja, antes do trabalho de Peter Rosenwald não havia uma ferramenta completa, simples e adequada para se calcular quanto um marqueteiro pode gastar para obter cada pedido.

Sobre esse assunto, cada marqueteiro, em função das peculiaridades de cada empresa, tinha a sua ferramenta. Com o ACPO, o único e sério problema a ser enfrentado pelo iniciante em marketing direto, é apurar com precisão os números a serem lançados para que o programa faça as contas por ele.

A ABEMD, sempre à frente das iniciativas para tornar o marketing direto mais presente no dia-a-dia das empresas brasileiras, apoiou e festejou o lançamento do ACPO.

QUINTO PECADO

Outro dos grandes problemas de um profissional de marketing é estimar o *Life Time Value* de um cliente.

Uma administradora de cartão de crédito pode aceitar pagar de 7 a 200 dólares por novo portador de seu cartão. Ou seja, o custo de aquisição do cliente pode ser bem inferior ao *Break Even Point* numa operação de marketing direto em que são enviadas milhares de malas diretas convidando não-usuários a pedirem o seu cartão.

É evidente que os objetivos da administradora do cartão de crédito não se limitam a "vender" o cartão e com isso obter lucro apenas nessa operação. O lucro virá de três fontes posteriores à "compra" do cartão pelo novo usuário: das comissões pagas pelos estabelecimentos, das renovações anuais e dos juros pagos quando o usuário opta pelo pagamento parcelado.

Para cada tipo de cliente de um cartão – conforme o seu perfil psicográfico e demográfico – existe um padrão ideal para compor os percentuais referentes às futuras receitas.

Logo, numa providência simplista, a mala direta para obter novos portadores de determinado cartão de crédito deve se pagar. Gastando 100 mil reais com os pagamentos da jóia ou da adesão, incluídas aí as despesas de cadastro, manuseio e envio dos cartões de plástico, a administradora zera o seu "investimento".

É claro que as coisas não acontecem assim e a habilidade do profissional de marketing está em conhecer o território que vai explorar.

Uma tentação, uma apelação simples, é oferecer um brinde muito atrativo para que haja uma adesão imediata e, ao mesmo tempo, dar 180 dias para o pagamento dessa adesão. Essa providência tanto pode ser suicida, por gerar uma enorme demanda por parte de oportunistas, como o modo mais elegante e eficiente de atingir uma lista de *prospects* altamente desejáveis como clientes.

Para diferir o pagamento para seis meses depois, entretanto, é preciso ter um programa adequado que fascine o novo associado durante os 180 dias iniciais.

A mesma lógica se aplica à participação em clubes de livros, em que o cliente recebe os quatro primeiros livros por uma ninharia e assume frouxamente a "obrigação" de comprar mais quatro por ano a um preço garantido para os associados do clube.

Tudo isso exige muitas contas, e como ficou claro nesses últimos parágrafos, os números usados para fazer as contas não são simplesmente apanhados numa prateleira. Têm de ser pensados, bem pensados, para que essas contas não sejam usadas para encobrir a verdade, mas para evidenciá-la.

A recomendação básica derivada desse quinto pecado capital é a seguinte: **se você deseja ser um bom profissional de marketing direto, mesmo que não goste de fazer contas, adquira o programa do Peter,* mesmo que não pretenda usá-lo todos os dias**. Se você o tiver como referência em relação àquilo que deve ser considerado para fazer as suas contas, já estará em grande vantagem diante daquele concorrente que apenas segue seu próprio faro.

---

* Para maiores informações, visite o site: www.acpomodel.com (N.A.).

SEXTO PECADO
Não aprender com os erros dos outros

Sexto Pecado

$$\frac{\begin{array}{l}50\%\ de\ Orgulho\\ +\ 25\%\ de\ Preguiça\\ \ \ \ 25\%\ de\ Gula\end{array}}{\text{Não aprender com os erros dos outros}}$$

O sexto pecado capital é composto por 50% de Orgulho, 25% de Preguiça e 25% de Gula.

Ele costuma acometer os críticos festivos, os estrategistas de bar, que diante de um chope são capazes de ver claramente os erros de todos os projetos apresentados, desde a invasão ao Iraque à escalação do Romário (ou não) para a Copa do Mundo.

Um sintoma de que este pecado tende a se instalar numa pessoa são as frases pomposas e enfáticas sobre como a empresa X, ou a entidade Y está se metendo numa fria (que ele ou ela está percebendo de longe) mas que "aquele bando de imbecis" não é capaz de perceber.

Quando comecei no jornalismo meu amigo Hilton Nobre, um pernambucano que não se deixava enrolar facilmente, me ensinou uma máxima que eu tenho aplicado desde então: "Pio, aprenda de uma vez por todas: nada substitui a ida do repórter ao local".

Isso não quer dizer que toda informação adquirida por meio de terceiros seja errada ou enganosa. Mas, com certeza, a informação proveniente de uma única fonte será muito menos confiável do que aquela que é checada com, pelo menos, outras duas, independentes da primeira.

Do mesmo modo, uma mala direta linda, entregue a você como algo a ser copiado – sem que você ou o portador saibam de seus resultados – é como arriscar dinheiro num cassino: as chances são que a banca saia ganhadora. A mala direta simplesmente copiada é, freqüentemente, uma jogada para perder. Daí a necessidade de uma avaliação obsessiva dos bons resultados, abdicando-se da falsa sabedoria de peladeiro de time de várzea que recomenda "em time que está ganhando não se mexe".

Um erro acobertado por uma campanha de sucesso torna-se ainda mais perigoso. Passa a ser um lobo em pele de cordeiro, que vai demonstrar seu apetite de lobo na primeira oportunidade.

Da mesma forma, ao se analisar um insucesso de terceiros é preciso se desligar de um ocasional sentimento de vingança (olhe a Ira se ma-nifestando), que nos leva, preconceituosamente a considerar "tudo" que é feito por empresa ou pessoa rival como errado. É preciso descobrir nos erros dos outros quais foram os acertos.

Imagino que num céu ideal – no verdadeiro paraíso – esse tipo de avaliação seja feito todos os dias enquanto os anjos tangem as suas harpas e onze mil virgens formam um coro celestial.

Como nós, simples seres humanos, podemos ser capazes de nos mantermos puros e isentos para: (1) compreender toda a sutileza de um ato humano de um concorrente, (2) ter desprendimento suficiente para reconhecer as virtudes do "inimigo" e deixar de atribuir as falhas apenas à burrice alheia?

Há uma boa razão para você agir assim, mesmo que as suas vísceras se contorçam: *evitar cometer o mesmo erro em sua próxima campanha.*

Há um esforço de marketing, envolvendo o marketing direto, *o vacation time sharing,* férias compartilhadas, que tem me intrigado há décadas. É algo que existe no Brasil e que, de forma muito precária, tem tentado repetir projetos europeus e norte-americanos.

No Brasil há casos como o do Motel Clube do Brasil, que se lançou com campanhas caríssimas em meios de comunicação de massa nos anos 1960-70, e virou pó, assim como virou pó outro caso mais recente o do "boi gordo" que usou as mesmas iscas do *time sharing* de férias: dar acesso com investimento muito menor à criação de gado, assim como o *time sharing* dá acesso com investimento muito menor à "casa de férias".

Mesmo nos Estados Unidos há sérios questionamentos quanto aos princípios éticos subjacentes a esse tipo de negócio; aqui por exemplo, a ABEMD tem recebido algumas queixas com relação a eles. Há vários sites* que esclarecem essa questão e onde se pode constatar como é fácil enganar consumidores.

---

* Sites:
http://home.austin.rr.com/tsote/scams/time0.html
http://www.tsr.ch/emission/abe/archive/98/981215.html
http://cagneyconsumer.com.timeshare.html
http://sosnet.eu.org/conso/juridata/timesh.htm

Vamos à teoria: imagine que um cidadão de classe média com um salário não muito alto, mas suficiente para proporcionar conforto e entretenimento à sua família, se depare com o desafio de programar as férias.

Se existisse um título de clube que permitisse a ele pagar uma fração do que custaria uma casa ou apartamento no campo, praia ou montanha, e que ao fazer esse pagamento ele adquirisse o direito de utilizar não uma, mas as três alternativas de destino de férias por períodos limitados de tempo durante o ano, sem ter de pagar caseiro, condomínio, IPTU, etc.: temos aí um belo conceito com atrativos para ser oferecido e comprado por pessoas de boa-fé.

Com alternativas quase ilimitadas de destinos de férias, o Brasil devidamente trabalhado e com um clube como esse, passaria a disponibilizar milhares de hotéis, pousadas, apart-hotéis, motéis e pensões para que muitas famílias tivessem todas as férias de suas vidas classificadas como inesquecíveis.

No entanto, apesar de vários lançamentos, alguns apoiados em muita publicidade na mídia, como foi o caso do Motel Clube do Brasil, essas operações nunca foram bem-sucedidas. Pelo menos a médio e longo prazos, pois todas desapareceram.

☐

Na internet há ofertas de *time sharing* para alguns empreendimentos menores no Brasil e muitos nos Estados Unidos, na Flórida em especial, que permitem a brasileiros que dispõem de recursos para aplicar no exterior, adquirir o direito de usar apartamentos e casas em várias cidades turísticas.

Nada de grande, nada de empolgante do ponto de vista do marketing para justificar um esforço maior. Lembro que alguns consumidores já consultaram ou acionaram o Conselho de Ética da ABEMD por se sentirem lesados ao comprarem produtos e serviços de empresas associadas ou não ao órgão.

Fica a pergunta: será que não há espaço para o *time sharing* no Brasil? Ou os erros do passado devem ser entendidos como lições?

A recomendação em relação ao sexto pecado capital é nunca se julgar sábio demais nem ignorante demais. A busca das verdadeiras razões de um insucesso deve ser empreendida com o vigor de um repórter que vai ao local e que, além da fonte rica e abundante da internet, deve recorrer à ABEMD, visitando a associação e buscando contatos com seus associados para obter mais informações sobre o projeto de seu interesse. E, lógico, buscando assessoria em empresas especializadas, também associadas à ABEMD.

Finalmente, mas ainda acrescentando informações suplementares, vamos ao último pecado da lista.

SÉTIMO PECADO
Não ter dinheiro suficiente

Sétimo pecado

$$+ \quad \begin{array}{l} 25\% \text{ de Gula} \\ 25\% \text{ de Luxúria} \\ 25\% \text{ de Inveja} \\ 25\% \text{ de Avareza} \end{array}$$

Não ter dinheiro suficiente

Classifico "Querer fazer mais do que se pode" como um misto de Gula, Luxúria, Inveja e Avareza.

Gula, por se querer comer mais do que se consegue. Luxúria, ao se anteciparem mais prazeres do que se podem desfrutar. Inveja, por se aspirar a ser o que não se é. Avareza por não se ter o desprendimento de buscar parceiros que reduziriam as perspectivas de lucro, mas tornariam o negócio possível.

A falta de recursos é resultado direto da falta de planejamento. Quem planeja – e entende quais são as demandas do mercado, como será possível atendê-las, a que custos e usando que sistemas de logística – deve chegar bem perto da precisão numa planilha Excel, ou similar.

Novamente, vou diminuir a importância da ferramenta que torna o cálculo possível e seguro, e vou reforçar a necessidade de que se saiba quais números ou estimativas levar em conta no momento de definir as necessidades financeiras de um novo negócio: de uma locadora de vídeo para atender à demanda do bairro até uma editora ou produtora que decide lançar-se com um canal de televisão para venda de produtos ou de programas *pay-per-view*.

Há uma área do marketing direto na qual se está comprovando, atualmente de forma continuada, a incidência danosa desse sétimo pecado capital: toda a área abrangida pelo guarda-chuva do e-commerce.

Por exemplo, a ilusão de que é possível vender qualquer coisa na internet e de que essa venda gigantesca pagará com lucros imensos todas as despesas feitas em benefício do grande negócio "que estava ali na cara mas ninguém foi capaz de fazer".

A seleção de produtos para o e-commerce tornou-se tão sofisticada quanto a que é feita durante anos pelas empresas que vendem por catálogo. Mas tal como os "catalogueiros", é preciso prestar a máxima atenção aos retornos. A sua vontade ou a sua vocação para vender, seja o que for, não vale nada diante da reação dos clientes, afinal são eles que pagam a conta e fazem a sua empresa prosperar.

Se o produto não é comprado, não pode ocupar espaço, consumir talento e dinheiro para ser anunciado.

A sofreguidão pela web, a qualquer custo, não tem sido o atalho para os lucros tão desejados.

O fato de pessoas se ligarem à rede, (14 milhões de brasileiros têm os seus computadores ligados a algum provedor e metade os usa regularmente) não é uma garantia de sucesso automático.

O que passa a ser automática é a interação cada vez mais intensa do cliente, próximo, moderno, cercado de opções, com a empresa interessada em vender produtos e serviços.

Com exceção da Amazon e da EBay, com seus milhões de clientes e usuários conquistados pela web – afinal eles foram os primeiros a chegar e tinham muito dinheiro para investir – não há registro de grande sucesso entre os marqueteiros que usaram apenas a internet para lançar seus produtos.

O sucesso nessa nova área do marketing direto tem sido obtido por empresas que combinam e integram vendas on-line e vendas off-line.

E isso só se faz com investimento e talento para aplicar a verba onde interessa. A compra de qualquer produto, mesmo que seja uma *commodity* disponível em qualquer catálogo, site ou loja tem um diferencial de empresa para empresa: *o serviço ao cliente*.

Serviço ao cliente, assim como educação e boas maneiras, não se aprende no tranco ou simplesmente adquirindo um software de relacionamento. É preciso saber e aplicar esse relacionamento em níveis muito mais sofisticados do que os de tempos atrás.

Uma compra feita hoje pela internet, ou pelo telefone, no Brasil, não deverá ser entregue ao cliente em mais que 5 dias. Para que a entrega (recebimento do pedido, obtenção da autorização de débito do cartão de crédito, emissão de documentos fiscais, baixa de estoque, manipulação de documentos e embalagens, escolha de entregador, entrega, confirmação da entrega), ocorra na ordem desejada e no prazo previsto não há lugar para improvisações.

Se para a inauguração de um restaurante, é preciso ter a cozinha pronta, mesas, garçons, menus e tudo a postos, não será no marketing direto, que é mais propenso a sutilezas, que se pode contar com um "vai buscar mais pão e manteiga ali na esquina".

O planejamento é, portanto, a chave para abrir a porta do sucesso e evitar a tentação de incidir no sétimo pecado e perder-se num emaranhado traumatizante de dívidas e frustrações.

Os pecados como fonte de inspiração

```
   100% de Orgulho
   100% de Avareza
   100% de Luxúria
 + 100% de Ira
   100% de Gula
   100% de Inveja
   100% de Preguiça
─────────────────────
    Os pecados como
  fonte de inspiração
```

Há profissionais "pensantes" que, sabedores da tentação de ir contra o *statu quo* usam os 7 pecados capitais como faróis para indicar ofertas capazes de atrair clientes e dinheiro.

• Transformar o Orgulho em um sentimento que justifique o consumo da grife de alto custo para que o comprador a exiba diante de pessoas incapazes de pagar seu preço.

• Ter a Avareza como base de um clube de descontos que tornará cada nova compra ainda mais vantajosa do que a anterior, e com menor dispêndio de dinheiro para terem os mesmos produtos ou serviços.

- Estimular a Luxúria, dispensa maiores explicações para quem circula, mesmo que inocentemente, pelas cidades e se depara com a variedade de produtos desse tipo.

- Incitar a Ira para conseguir a filiação de pessoas a organizações não-governamentais que se propõem a lutar contra determinadas causas.

- Ceder à Gula, é também um pecado freqüentemente cometido pelos profissionais de marketing e pode ser comprovado nas bancas de jornais (onde está presente em títulos de revistas) e observando-se os quilos a mais da população em geral.

- Usar a Inveja na velha fórmula: sua família também pode ter o que seus vizinhos compraram ou já possuem. "Agora você também pode ter..."

- Proporcionar muito espaço à Preguiça, haja vista o sucesso continuado das instituições financeiras – ao assegurar a seus clientes que eles podem dormir sossegados e gozar a vida, pois o seu dinheiro está bem-cuidado, rendendo e sob os cuidados de seus especialistas.

Há muito mais a comentar sobre os 7 pecados capitais do marketing direto, e estas páginas são prova do grande esforço de compreensão da mensagem a ser transmitida, e principalmente da "linha filosófica" que inspirou este autor.

Ao encerrar este capítulo, onde contraditoriamente valorizo os 7 pecados capitais, execrados por mim ao longo do livro, aconselho que tenhamos consciência crítica. Devemos seguir princípios corretos, mas sermos flexíveis para adotá-los conforme as circunstâncias.

Há uma historinha no meio jornalístico, dos velhos tempos, pois hoje com certeza as redações são templos da ética e do respeito ao politicamente correto, na qual um chefe de redação berra para um dos repórteres a plenos pulmões:

– Fulano, o Papa vem aí. Escreva uma matéria sobre Deus!

– A favor ou contra, chefe? ele pergunta, colocando o papel na máquina.

Você não se sente feliz de podermos fazer essas brincadeirinhas com os 7 pecados, e com o "Chefe" sem o perigo de irmos para uma fogueira? E concluindo à maneira de Sérgio Porto:

– O quê minha senhora, podemos ir???

Essa frase é mais uma comprovação da epígrafe: "quanto mais as coisas mudam mais ficam parecidas com o que eram". Em relação à frase de Sérgio Porto, eu acrescentaria: Graças a Deus!

Epílogo

Neste livro, embora tenha tratado de sete problemas que criam transtornos e frustrações para quem está interessado em desenvolver um projeto de marketing direto, procurei dar uma visão otimista para o maior desafio de um ser humano: fazer as pessoas pensarem e acreditarem naquilo que elas acham verdadeiro.

Ao definir esses problemas como os 7 pecados capitais do marketing direto me dediquei aos mais evidentes, aqueles que precisam ser evitados de qualquer forma.

Ao finalizar o livro, entretanto, assim como

ocorre quando se conclui uma pesquisa, vi novos e diferentes caminhos que não percorri e que não poderiam ser abordados depois, em outro livro, por mais que a idéia me atraia.

Antes que você, leitor, me faça a pergunta fatal, "mas, como você pôde deixar isso de fora?", resolvi, incluir este epílogo.

Os três pecados que vou examinar estão embutidos nos 7 já listados, mas por suas peculiaridades eles merecem mais destaque.

O primeiro deles, que integra em partes iguais a Inveja, a Gula e a Preguiça, é: Não Escolher Criteriosamente as Pessoas ou as Empresas para Associar-se na Busca de Parcerias para Projetos de Marketing Direto.

A parceria comercial se parece muito com o casamento. Se as expectativas de cada um não forem as mesmas, a parceria (ou o casamento) vai trazer mais problemas do que soluções.

Esse é um exemplo várias vezes ocorrido no Brasil: A empresa A, bem-sucedida em seu trabalho de marketing direto, é considerada pela empresa B como uma fonte de competências que ela não possui, e das quais está necessitando. Por sua vez, a empresa A ao ser contatada pela empresa B vê nesta um manancial de potencialidades para fazer seu negócio e seus lucros crescerem.

Jamais parta do princípio de que todos os fatos a respeito de cada uma das empresas (A ou B) são suficientemente conhecidos, dispensando qualquer processo inquisitório na fase do namoro, isso seria inadmissível.

Há inúmeros casos como esse no mercado brasileiro e mundial, mas vou me ater aos brasileiros.

Ao fazerem a fusão, posso afirmar que, nas mesmas circunstâncias, ocorrerão os mesmos fenômenos e pecados.

O marketing direto é uma atividade de comunicação que busca resultados e que só se torna lucrativa e respeitada se os executores derem atenção obsessiva aos detalhes.

Alguns grupos cujo nome não vou citar, pois é desnecessário saber o nome de um paciente para examinar suas feridas e prescrever o tratamento, sofreram danos financeiros e humanos decorrentes da prática desse pecado.

Uma agência de publicidade tradicional se viu compelida a apresentar a seus clientes mais uma especialidade no seu arsenal de soluções para os desafios do mercado: o marketing direto.

Relacionamentos pessoais e referências do mercado levaram tal agência a propor a incorporação de uma agência de marketing direto dirigida por premiados especialistas.

O convite soou como uma homenagem aos marqueteiros diretos; e para os dirigentes da agência de publicidade, a aceitação do negócio foi uma forma brilhante e rápida de resolver um problema já resolvido por seus colegas de outros países, mas que no Brasil sempre era adiado por falta de tempo e de pressão dos clientes.

Assim como os problemas de um casal surgem após o casamento, os problemas de coabitação de duas culturas se tornam evidentes quando começa a ocorrer a operação das duas agências.

Onde deve ser colocada a linha que separa a atividade publicitária – em princípio voltada para melhorar a imagem da marca – da atividade quase de vendedor do pessoal de marketing direto?

Que parte do relacionamento entre a agência A deve ser transferida plenamente aos executivos da agência B? Será que esse novo relacionamento poderá pôr em risco uma sucessão de projetos e campanhas bem-sucedidos da agência A, em função de idéias ou questionamentos decorrentes das atividades dos profissionais da agência B?

A vaidade não supera o interesse em assegurar o próprio bem-estar financeiro. Tudo que coloca em risco o ganho individual deve ser eliminado antes que tome proporções demasiadas, e tanto melhor será o profissional que perceber esse risco antes que se torne uma realidade danosa.

Apresentações conjuntas de publicidade e marketing direto encantam clientes, mas dificilmente redundam em negócios maiores para as duas agências que uniram seus esforços.

O que fazer para evitar esse pecado? Contar, na fase de namoro e proposta de operação conjunta, com um negociador neutro, de confiança de ambas as partes, cuja função será analisar as duas empresas, a potencialidade de seus executivos e funcionários, a carteira e o retrospecto de seus clientes e redigir o equivalente a um contrato pré-nupcial.

Nesse *agreement*, elaborado com a finalidade de evitar futuras frustrações, devem ser enumeradas todas as condições a serem observadas pelas empresas após a sua integração.

☐

Esse documento (que não precisa ser público), depois de assinado e concordado entre as partes como o "espírito da associação", será uma dádiva para as duas partes envolvidas, tanto em caso de separação, como de um sucesso retumbante.

Juscelino Kubitschek não foi um grande estadista por ter exercido cargos importantes, mas por tê-los exercido como um grande estadista. Ele dizia que nada era mais fácil do que nomear amigos e parentes para cargos públicos, e nada era mais difícil do que demiti-los.

Tomando emprestado esse mote de Juscelino abordo o próximo pecado, um misto de Preguiça (20%), Orgulho (20%), Gula (30%), e Luxúria.

Empresas de marketing direto, sejam operadoras ou agências, são dirigidas por pessoas cuja atividade só será bem-sucedida se elas estiverem bem assessoradas e atentas aos mínimos detalhes.

Formar Equipes Apressadamente, Formar Equipes Dissonantes, Formar Equipes com Pessoas que Não Tenham Admiração pelos Demais Participantes do Grupo é Namorar o Desastre.

Não quero dizer e jamais direi que todos numa equipe de marqueteiros devem ser clones uns dos outros. Eles devem se complementar.

Epílogo

O criativo sonhador, que especula e inventa coisas novas precisa estar numa equipe onde um cético absoluto reduz os sonhos à possibilidade de sua realização segundo os recursos disponíveis.

Isso é óbvio, e já foi explorado no pecado número cinco; a diferença, que não foi enfatizada naquele capítulo, é que tanto o sonhador como o cético devem respeitar um ao outro, sob a inspiração da pessoa de notável saber, que os lidere, para que tudo dê certo.

Para evitar esse pecado deve-se ter mais cuidado na seleção do pessoal do que na conquista de clientes. Pela razão óbvia de que a empresa só poderá buscar, conquistar e manter clientes se tiver uma equipe capaz de levá-los aos resultados desejados.

Por isso, busque auxílio de terceiros e procure estar em perfeita sintonia com os seus assessores externos na hora de selecionar seu pessoal, porque, a empresa é sua e não deles.

David Ogilvy, que já disse em público que eu era um sujeito inteligente* (o que não é pouca coisa), exigia de seus funcionários o comportamen-

---

* Numa reunião de presidentes de agências em Nova York, em 1989, eu disse que dentro de poucos anos as disciplinas de comunicação, publicidade, promoção, marketing direto, etc. deveriam ser vistas como uma fórmula de gerar negócios

to ético desejável de cavalheiros com cérebro. A fofoca, os memos e os e-mails indicando disputas e questionamentos entre grupos ou departamentos eram condenados por ele como uma peste.

O que me leva ao último pecado deste epílogo: Não Demitir as Pessoas que Precisam ser Demitidas Antes que seu Comportamento e sua Ação Possam Afetar o Moral e a Eficiência de sua Equipe.

Demitir se parece com uma condenação à pena capital. Em especial aquelas que ocorrem porque "é preciso reduzir a folha de pagamento em 10 ou 15%". Isso só ajudará a empresa a se reerguer se atingir efetivamente os 10 ou 15% ensejados.

A não-demissão dos merecedores, ou a demissão apressada dos que não podem ser mandados embora, é constituída basicamente por Preguiça, Avareza, Ira, e às vezes por alguns salpicos de Inveja.

---

para os clientes e que as boas agências de comunicação seriam aquelas capazes de fazer isso brilhantemente. David virou-se para mim e disse: "Eis um cavalheiro inteligente!". Ele não era dado a elogios gratuitos, e com o passar do tempo está comprovando, a previsão está se cumprindo...

Epílogo

Para evitar essa tentação, o responsável pela empresa deve conhecer profundamente todas as pessoas com quem trabalha, tanto como funcionários como seres humanos.

Não se trata de buscar uma intimidade familiar e pessoal que se transforme no problema enunciado por Juscelino. As pessoas que trabalham com você, entretanto, devem ser muito mais do que cargos e nomes na folha de pagamento.

Pense que aquelas pessoas é que possibilitam que você seja o que é.

Costumo dizer durante meus cursos que em nossa atividade é preciso gostar de gente, e admirar o que as pessoas fazem, elogiar o que fazem, aprender com o que fazem.

É preciso aprender com as lições dos mais simples e também com a dos gênios reconhecidos e lembrar de onde foram recolhidos os seus ensinamentos e a sua sabedoria.

Boa parte do que expus neste livro é resultado do que aprendi com as pessoas com as quais convivi, de empresas onde trabalhei e de experiências pelas quais passei, e também de uma biblioteca imensa, que eu sempre atualizo.

Espero que você, leitor tome como seus os conceitos apresentados neste livro e tenha muito sucesso!